We're Off...
to the
Carlsbad Caverns, NM

Nos Vamos...
a las
Cavernas Carlsbad, Nuevo Méjico

Georgette Baker

Book by Georgette Baker
Photographs by Georgette Baker

http://www.cantemosco.com
http://www.simplespanishsongs.com

Email: jarjetb@writeme.com

CARLSBAD CAVERNS NATIONAL PARK is a United States National Park in the Guadalupe Mountains in southeastern New Mexico.

El Parque Nacional Carlsbad Caverns es un parque nacional en las montañas de Guadalupe en el sudeste de Nuevo Méjico, Estados Unidos.

Under the earth are more than 119 known caves formed when sulfuric acid dissolved the surrounding limestone leaving behind caverns of all sizes.

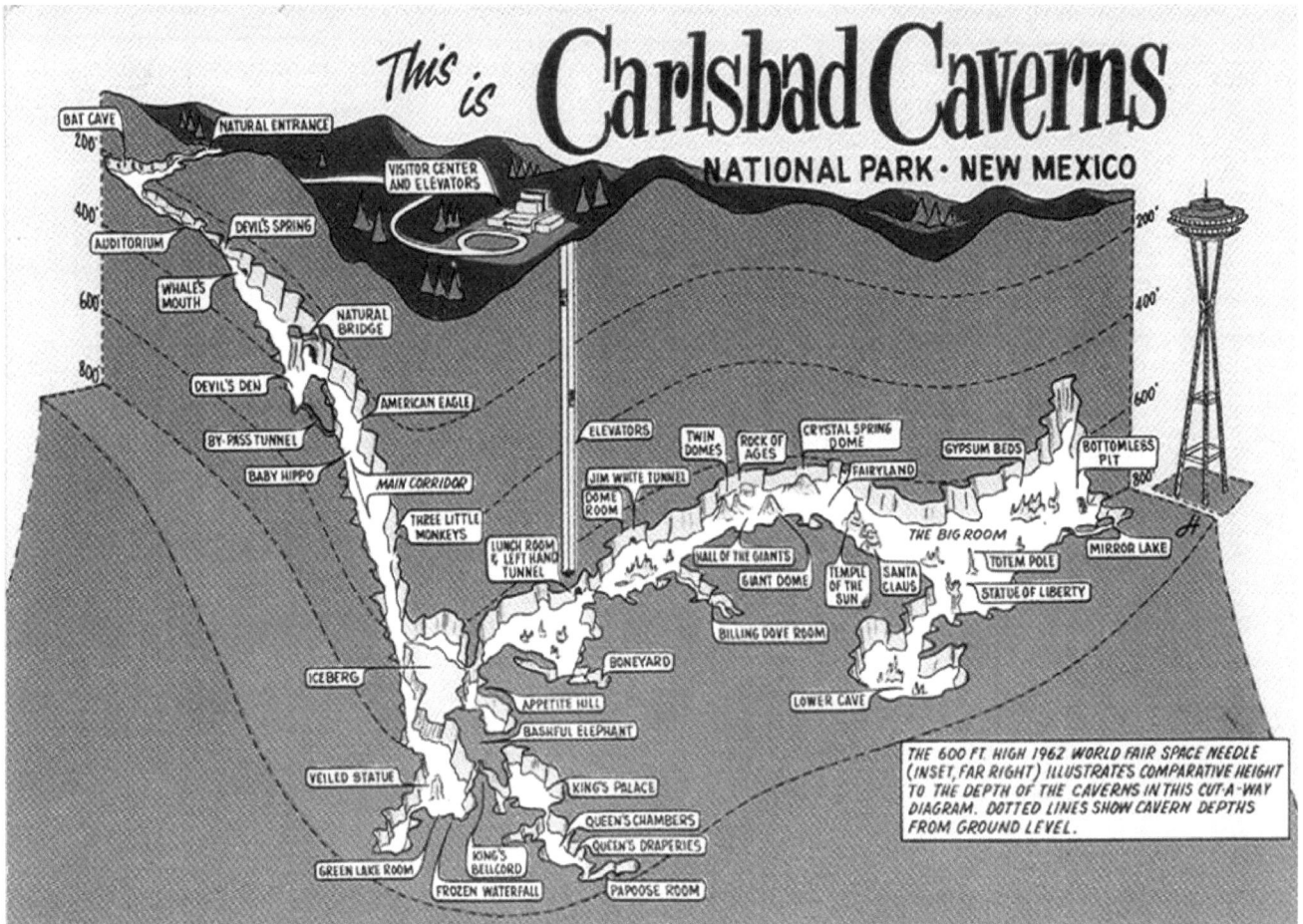

Debajo de la tierra hay más de 119 cuevas conocidas formadas cuando el ácido sulfúrico disolvió a la piedra caliza dejando atrás cavernas de todos los tamaños.

In 1868, the caves were discovered by sixteen year old cowboy, Jim White.

En 1868, las cuevas fueron descubiertas por Jim White , un vaquero de dieciséis años de edad año .

The story goes that while young Jim was riding his horse through the Chihuahuan Desert looking for stray cows, he saw what looked like smoke in the distance. He approached the area and saw a large opening in the ground. "I found myself gazing into the biggest and blackest hole I had ever seen, out of which the bats seemed literally to boil".

El cuento va que el joven Jim, montado en su caballo, andaba por el desierto de Chihuahua en busca de vacas extraviadas. Vio, en la distancia, lo que parecía humo.

Se acercó al lugar y vio una gran cueva. "Me encontré mirando en el agujero más grande y más negro que jamás había visto del cual los murciélagos parecían hervir ".

Even today, during early summer, 500 to 700 thousands of Mexican Free Tailed bats fly out of the mouth of the cave.

Incluso hoy en día, durante el comienzo del verano, de 500 a 700 miles de murciélagos mejicanos de cola libre, salen, al caer el sol, de la boca de la cueva .

Jim White, spent years exploring the caves on his own.

Jim White, pasó años explorando las cuevas el solo.

This ladder, built by Jim White, descends 90 feet into what is known as the "Lower Cave".

Esta escalera, construida por Jim White, desciende 90 pies en lo que se conoce como la "Cueva Baja".

Jim explored the caverns for 25 years with simple tools and kerosene lanterns.

Jim exploró las cavernas durante 25 años con simples herramientas y linternas de queroseno.

He explored miles of the underground discovering beautiful clear lakes, like this one, in the Green Lake Room.

Exploró kilómetros del subterráneo descubriendo hermosos lagos claros, como este , en la Sala del Lago Verde.

Some of the formations in the cave hang down like icicles, those are known as stalactites. They are formed as dissolved minerals are carried by dripping water.

Algunas de las formaciones en la cueva cuelgan hacia abajo como los carámbanos, estos se conocen como stalactites.

Se forman cuando los minerales disueltos son llevados por el goteo del agua.

When water drips from the ceiling, to the floor of the cave, *stalagmites* form. They start small and are built up as various minerals are deposited by slowly dripping water. Photo on the left is of the "Witches Finger" in the Big Room.

Cuando el agua gotea desde el techo, hasta el piso de la cueva, se forman estalagmitas. Comienzan pequeños y se acumulan cuando varios minerales son depositados por el agua que gotea lentamente. La foto a la izquierda es del "Dedo de Bruja" en el Salon Grande.

If the ceiling formations, stalactites, grow long enough to touch stalagmites on the ground, they connect and form a column.

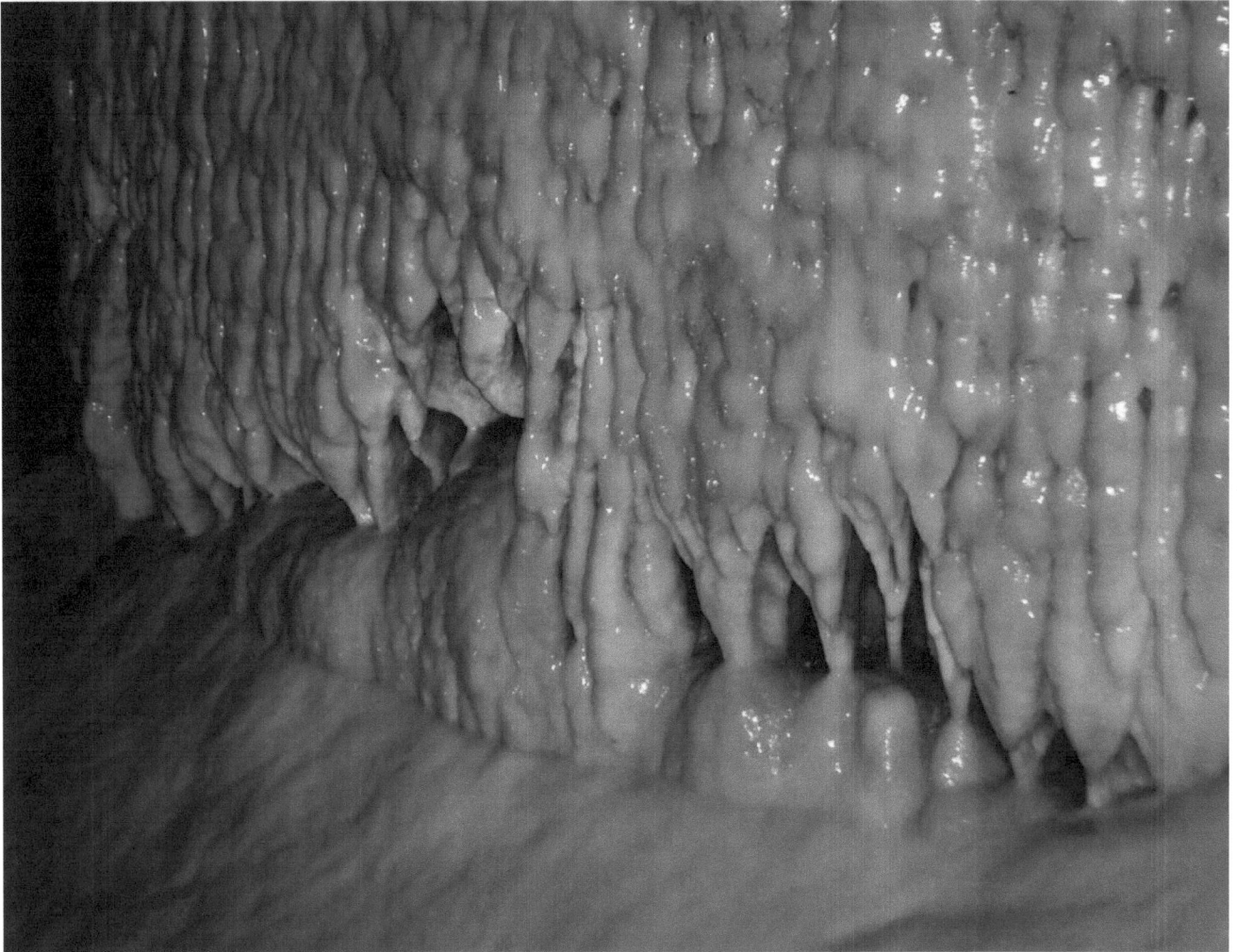

Si las formaciones del techo, las estalactitas, crecen lo suficiente como para conectar con estalagmitas en el suelo, se conectan y forman una columna.

The Carlsbad Caverns have one of the largest under-

ground chambers ever discovered. The main cavern

is more than 30 miles long, of which 3 miles are

open to visitors.

Las Cavernas de Carlsbad tiene una de las cámaras

subterráneas más grandes jamás descubiertas. La caverna

principal tiene más de 30 millas (48 km) de largo, de los

cuales 3 millas (5 km) están abiertas a los visitantes.

There are two ways visitors can arrive at the Big Room.

There is an elevator to take visitors the 750 feet down

to the cave bottom.

Hay dos formas en que los visitantes pueden llegar al Salon

Grande. Hay un ascensor para llevar a los visitantes los 750

pies hasta el fondo de la cueva.

The other entrance is near the "Bat Flight Amphitheater"
where at sunset, in the summer, hundreds of thousands of
Mexican Freetail bats leave the cave in search of food.

La otra entrada está cerca del "Anfiteatro del Vuelo de los Murciélagos" donde al atardecer, en el verano, cientos de miles de murciélagos Mejicanos de Cola Libre, abandonan la cueva en busca de alimento.

Jim White named many of the formations in the caves. This is the Chinese Theater in the Big Room.

Jim White nombró muchas de las formaciones en las cuevas. Este es el Teatro Chino en el Salón Grande.

Lion's Tail

Cola de León

29

The Bashful Elephant

El Elefante Tímido

By 1923, the Carlsbad Caverns were already an official National Monument. In 1924 the National Geographic Society sponsored a six month exploration of the Caverns and in 1930 they became a National Park.

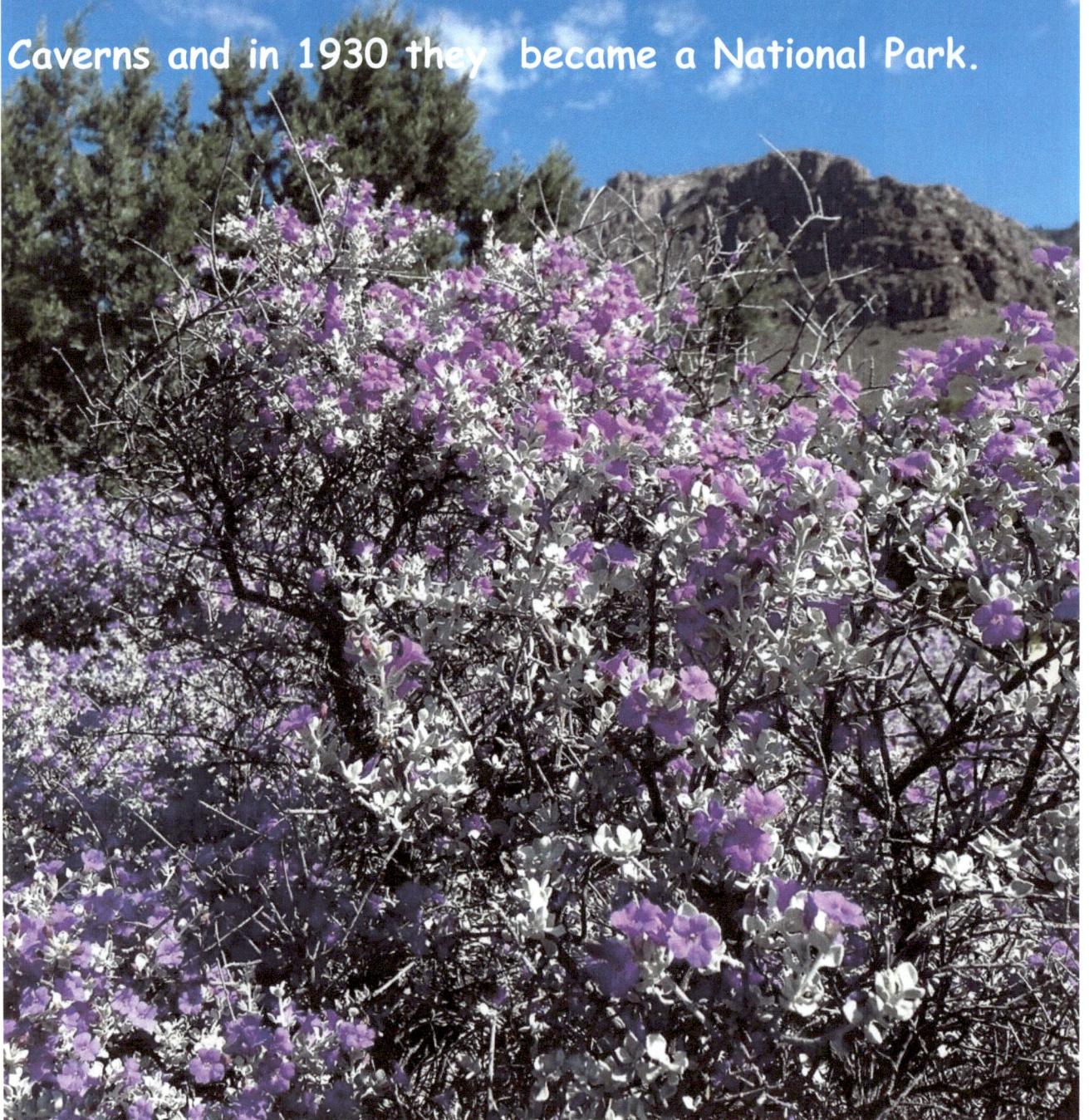

En 1923, las Cavernas de Carlsbad ya eran un monumento nacional oficial. En 1924 la Sociedad National Geographic patrocinó una exploración, de seis meses, de las cavernas y en 1930 se convirtió en un Parque Nacional.

BOOKS AND CD'S WRITTEN BY GEORGETTE BAKER available on amazon.com   email: bakergeorgette@yahoo

Http://www.cantemosco.com   Http://www.simplespanishsongs.com

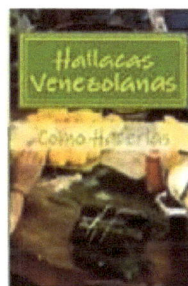

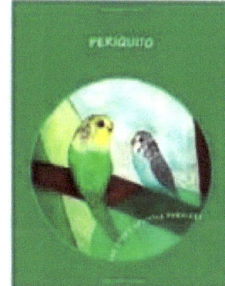
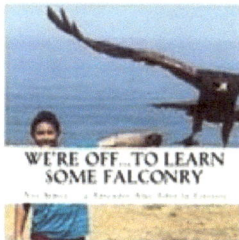